L'Être Numérique

Introduction

Les individus composant les sociétés actuelles se revendiquent au quotidien et aux quatre coins du monde. Ces individus et ces sociétés, héritiers et héritières de civilisations historiques, partagent aujourd'hui la planète, ses ressources et construisent l'avenir.

Cependant, depuis des décennies, chacun peut constater des dysfonctionnements dans notre pays mais aussi à l'international.

L'impossibilité de mettre en œuvre des moyens et des réponses adaptés aux besoins des populations pousse les gens dans la rue.

Les mouvements populaires dont les formes évoluent, faute de trouver des réponses satisfaisantes, se multiplient : « les Indignés », « Nuit debout », « Les Gilets Jaunes », avec leurs cortèges d'espoir en tête mais de déception, puis de résignation au final.

Il semble qu'il y ait une rupture ou fracture avec

les dirigeants de ces Nations où finalement la contestation évolue vers d'autres formes telles que les nationalismes ou le repli (Italie, Brésil, États Unis, Angleterre,...)
Ces échecs des politiques menées traduisent des crises politiques dont les formes sont diverses mais dont le fondement est commun.

Pour bien comprendre ces fractures, n'oublions pas que ce sont des individus qui en sont à l'origine. C'est à dire que physiologiquement, rien ne différencie un politicien, d'un salarié, d'un retraité ou d'un chômeur. Seuls leurs environnements les mènent à leurs spécificités. C'est pourquoi, comprendre les organisations dans lesquelles chacun évolue, c'est comprendre ce qui éloigne les individus et finalement découvrir que des phénomènes communs les orientent sur des trajectoires différentes, jusqu'à ne plus se comprendre, ni se faire confiance et finalement ne plus s'écouter.
Si vous souhaitez renouer le dialogue, il s'agit de prendre conscience des mécanismes qui guident nos comportements dans des environnements très changeants, plus ou moins proches de nous, mais dont les trajectoires de progrès doivent être prises en compte, comprises et contrôlées par les

acteurs principaux de ce monde, c'est à dire vous et moi. Sans cela, la faille sociale continuera de s'agrandir et le progrès rimera d'autant plus avec inégalité.

Je vous invite donc à découvrir ce phénomène qui nous éloigne et nous divise et fait de nous des « ETRES NUMERIQUES ».
Comprendre cela, c'est aussi entrevoir les solutions pour s'en échapper ou au moins en contrôler l'impact.

Avant tout, revenons sur la notion de politique.

1-De la politique en général et des objectifs politiques

Les politiques façonnent notre inconscient, guident nos comportements et structurent notre identité, avant tout collective puis individuelle.

Cette influence de la politique sur nos comportements s'induit avec ses effets positifs mais aussi ses travers. Dans le contexte de mondialisation actuel, ces effets se généralisent et deviennent des enjeux parfois pervers, dont la maîtrise peut nous échapper en tant qu'individu ou société.

D'ailleurs aujourd'hui, nous en constatons surtout les effets sans trop en comprendre les ressorts.

Le constat des échecs successifs aboutit à une perte de confiance sans précédent en ces politiques. Le droit de vote qui en est l'outil principal est usé par tant d'échecs. Il est de plus en plus délaissé par des individus refoulés hors des bureaux de vote par un sentiment de lassitude. Les taux de participation sans cesse en repli en sont la preuve incontestable.

L'image de la politique est tellement écornée aujourd'hui, qu'il est important de revenir à ses fondamentaux pour bien percevoir ce que nous pouvons en attendre. Il faut donc en mesurer la fracture entre l'attendu et ce qui est proposé aujourd'hui par ceux qui l'incarnent : pour cela revenons à son sens premier.

Ainsi, en premier lieu, retenons les définitions du Larousse pour le mot « politique »:

1/ Ensemble des options prises collectivement ou individuellement par les gouvernants d'un État dans quelque domaine que s'exerce leur autorité (domaine législatif, économique ou social).

2/ Méthode particulière de gouvernement, manière de gouverner : Politique libérale, autoritaire.

3/ Moyens mis en œuvre dans certains domaines par le gouvernement.

4/ Manière concertée d'agir, de conduire une affaire : La politique commerciale de la maison.

5/ Manière prudente, fine, avisée d'agir : Ménager quelqu'un par pure politique.

De cette liste semblant s'être construite avec le temps comme s'ajoutent les sens nouveaux des mots du dictionnaire, il est possible de retrouver la genèse et les mutations de la POLITIQUE.

Concrètement, on passe de la définition générale et historique consistant en des choix ou options, c'est à dire des décisions prises par un collectif ou un individu et appliquées dans tous les domaines qui fondent la société (étymologiquement : la cité), à une dernière définition qui est probablement et malheureusement la plus proche de nos sociétés actuelles.

La politique est, à l'origine, un ensemble de décisions, puis devient une méthode ou manière d'agir (action) ou un ensemble de moyens mis en œuvre et plus récemment une manière **prudente, fine, avisée** d'agir.

Cette rapide analyse sémantique en dit déjà beaucoup sur la mutation de la politique et son application dans nos sociétés. On comprend qu'initialement l'objectif était de « DECIDER » puis, s'est transformé en méthode ou plans d'actions : « AGIR » et finalement en une manière d'agir spécifique que nous nommerons gestion, c'est à dire : « GERER ».

En effet les observations que l'on peut faire s'apparentent plus à la 3e définition : nous sommes face à des acteurs politiques plus soucieux de GERER des problèmes plutôt que de les TRAITER.

Pour le coup, la nuance est grande et se retrouve dans le résultat cherché et obtenu : en effet, GERER un problème ne signifie pas le résoudre. Il peut s'agir d'en modifier les paramètres ou les contours pour le faire évoluer et ainsi le faire percevoir différemment.
Cela peut donner l'impression d'un problème traité mais finalement sa reformulation ou un changement de contexte ne fait que le déplacer.
Dans une société, le problème n'est plus perçu, ou alors perçu différemment par la population et les individus initialement confrontés. Cependant, il devient alors perceptible par un autre groupe.

Il est entendu que cette pratique nécessite beaucoup d'habileté pour déplacer les problématiques sur l'échiquier politique. Un problème social peut ainsi devenir un problème économique qui peut devenir un problème environnemental jusqu'à trouver le contexte le plus favorable pour le rendre tolérable par une majorité des individus. Par exemple et très simplement : un problème de santé publique (risques liés à la pollution) est ramené sous l'angle économique et devient ainsi tolérable compte tenu des enjeux liés à la destruction éventuelle d'emplois.

Le sujet a ainsi été GERE mais non TRAITE. Il suffit de trouver une majorité réceptive aux enjeux présentés dans le nouveau point de vue proposé.

Je maintiens que GERER n'est pas TRAITER et que les définitions successives du mot « politique » traduisent cette dérive actuelle dont la conséquence principale est la division de la société en groupes d'individus par leurs intérêts communs ou opposés.

Or, les objectifs d'une politique sont initialement de fonder une cité, une société. Il va donc de soi que ces pratiques de gestion fondent des sociétés basées sur la division, les conflits d'intérêts et surtout un gaspillage significatif de moyens dans des allers-retours successifs des problèmes d'un bord à l'autre de l'échiquier politique. Privilégier la GESTION des problèmes par telle ou telle démonstration de l'existence de responsabilités efface les gouvernements successifs.

Ces allers-retours retardent la réelle prise en compte des problèmes en vue de les traiter et d'y apporter des solutions favorables au plus grand nombre.

Ces politiques de gestion se font au détriment des politiques d'action. Rappelons au passage qu'il existe des écoles de gestion spécifiques à ces pratiques dont la dérive est si nuisible. Bien souvent, il s'agit d'un traitement des effets plutôt que des causes.

Pour sortir de ces schémas et de cette crise politique en place, il faut revenir à la notion d'objectif politique.

En effet, dans le cadre d'une politique d'action et non de gestion, dans quels buts ces décisions ou actions sont-elles mises en œuvre ?
Comprendre les objectifs de la politique permet de mieux en percevoir le sens.

Pour entrevoir la réponse à cette question, revenons au sens premier du mot politique et retenons quelques termes : « options, choix, collectif, individuel, décision, moyens en œuvre, concertation, actions ».

La politique renvoie en effet aux :

Décisions et choix en vue de générer les moyens nécessaires pour la pérennité d'un

modèle social, contributif et favorisant la reconnaissance individuelle et collective.

Ainsi par cette définition, nous pouvons entrevoir la notion d'objectifs politiques qui se révèlent purement sociaux.
Les autres domaines, dont l'économie, font partie des moyens à mettre en œuvre à cette fin.

Si nous ne nous trompons pas de cible, prospérera une politique respectueuse et efficace, à laquelle les citoyens responsables contribueront afin de construire leur société par une participation moins passive, moins consommatrice et donc plus citoyenne.
Cependant, nous sommes très loin de cela et les comportements à la fois des politiques et des citoyens démontrent une crise profonde.

En France, cette crise politique est le résultat de plusieurs décennies d'échecs : en effet, l'existence incontestable d'un modèle social s'est développée mais « à crédit », nous laissant penser que les actions politiques portaient leurs fruits. Or, il n'en n'est rien car finalement et comme je l'expliquais précédemment, ce sont des décisions de gestion qui ont permis cette survie.

En effet, années après années, certains domaines ont été sacrifiés ou privilégiés selon les sensibilités ou les intérêts des gouvernements successifs, jusqu'à maintenir un statu quo du progrès social dans sa définition la plus large, bien au-delà de son analyse économique.

Nous avons pérennisé un modèle social non contributif (ou du moins inégalement contributif) et de ce fait ne favorisant pas la reconnaissance individuelle et collective.

Il va de soi que ce modèle à crédit est difficile à soutenir au bout de tant d'années et surtout, l'inégalité et le manque de reconnaissance finissent par exaspérer.

Comme nous l'avons décrit précédemment, le fondement de cette crise tient dans des pratiques politiques de gestion n'ayant pas pour but de résoudre les problèmes, mais de les « dissoudre ».

Poser de nouveau ces problématiques devient alors une priorité gouvernementale dès qu'elles se font trop pressantes ou que leurs enjeux soulèvent de trop vives contestations. Je le rappelle : c'est ce que je nomme : « GERER les problèmes ou les sujets ».

Désormais, la crise politique est là et semble

insoluble tant les années se sont écoulées et les alternatives ont mené aux mêmes résultats. Ces politiques « politiciennes », pourtant si éloignées de leur sens premier, ont refoulé les électeurs hors des bureaux de vote, ou bien vers les extrêmes, portés par un sentiment d'injustice désormais incontestable et surtout plus « gérable » (de « gestion ») par les forces politiques en présence.

Quand cela est dit, il ne s'agit que d'un constat que chacun est capable de faire aujourd'hui et dont les séquelles majeures sont la précarité et la perte de confiance dans les institutions et plus généralement dans l'avenir.

Nous devons comprendre en quoi et pourquoi les décisions de GESTION prévalent sur l'ACTION depuis tant de temps et quels intérêts ces pratiques servent-elles ?

Pour cela, il est nécessaire d'aborder la notion d'organisation.
En effet, on parle d'organisations politiques en employant le pluriel comme s'il existait plusieurs modèles différents d'organisations politiques alors même que les buts visés semblent communs.
Parmi les définitions du mot organisation, il

existe la suivante, extraite du Larousse :

« Groupement, association, en général d'une certaine ampleur dont les buts sont définis par un qualificatif. Exemple : organisation syndicale »

Appliquer cette définition à la politique confirmerait l'existence d'une organisation à but politique et ayant pour objectif unique la pérennité d'un modèle social.
Cependant, l'organisation correspond aussi à :

« La manière dont quelque chose se trouve structuré, agencé; la structure elle-même » (Larousse).

De ce fait, il peut exister DES organisations politiques, car même si l'objectif est commun à toute politique, les moyens à mettre en œuvre peuvent être différents et/ou structurés différemment.
Ainsi, il peut être question « d'organisations politiques » dont les spécificités se trouvent dans la définition et la structuration des moyens mis en œuvre au service de la politique.

La crise politique actuelle tient-elle donc à un problème organisationnel ? (structuration des moyens) ou à un problème d'objectif ? (servir la politique du pays).

Pour répondre à cette question, focalisons-nous sur la notion d'organisation puisque le maintien à crédit du modèle social a toujours été une priorité gouvernementale et de la société civile.

Nous avons parlé des organisations politiques, mais les modèles organisationnels sont très variés et finalement présentent eux-mêmes des défaillances visibles au quotidien : nous avons cité les organisations syndicales en crise de confiance mais finalement beaucoup d'organisations professionnelles ou publiques sont dans la tourmente.

Est-ce la crise politique du pays qui déstabilise ces structures ou est-ce que là encore, les organisations elles-mêmes et leurs modèles sont en cause ?

2- Cas des organisations professionnelles.

J'aborderai ce sujet à la lumière de mon parcours et de mes expériences afin d'analyser leurs dysfonctionnements et leurs causes communes aux environnements politiques.

Très brièvement, mon parcours professionnel, depuis les années 2000 m'a permis de découvrir des organisations professionnelles industrielles de tailles différentes mais surtout, d'accompagner leur croissance dans des contextes économiques diversifiés et souvent instables. Rappelons-nous en effet d'une très forte croissance en 2006 et 2007 puis de la crise à partir de fin 2008.

Par ailleurs, les organisations auxquelles j'ai participé ont souvent suivi le même modèle : des entreprises crées de rien ou seulement d'une idée par leur fondateur puis d'un fort développement, d'une nécessité de franchir un cap de croissance concomitant avec le départ à la retraite du fondateur et donc la revente de PME d'une centaine de personnes à un groupe industriel en recherche de croissance externe et ce bien souvent indépendamment du contexte économique.

C'est ce que je nomme des organisations en transition ou crise de croissance, de part les conséquences observées.

Mon positionnement dans ces organisations de conception et réalisation de biens d'équipement a toujours été opérationnel au sein de la production, soit dans le cadre de ma formation d'ingénieur par alternance soit dans le cadre de mes emplois au poste de responsable de production. Ces organisations oscillaient entre 50 et 150 personnes sur site et jusqu'à 8000 employés pour les groupes dans leur ensemble.

De ce parcours, j'ai retenu que la notion de société, car on parle d'entreprise ou de société pour définir ce type d'organisation professionnelle, fait référence à un modèle social.

En effet, j'assimile ces sociétés de la sphère professionnelle à des échantillons tout aussi représentatifs de la société civile. Il va de soi, que les individus composant les organisations de la société civile ou des sociétés professionnelles sont physiologiquement les mêmes. Seuls les comportements peuvent varier face à des environnements différents.

Si dans les deux cas, civiles ou professionnelles, il s'agit de sociétés, c'est-à-dire d'ensembles sociaux organisés et structurés, peut-on faire le parallèle avec la politique tel que décrite précédemment pour la société civile? En effet, on parle couramment de politique d'une entreprise.

Ce parallèle me semble intéressant et comparer les modèles politiques de la société civile ou des organisations professionnelles peut permettre un éclairage sur la crise politique actuelle par l'analyse d'un cadre simplifié : l'échantillon sociétal que représente une entreprise et son organisation professionnelle.

On retrouve, dans ces organisations professionnelles, un volet social et un volet économique. Le premier se rapporte aux individus qui composent et participent à l'organisation et le second aux résultats de l'organisation.

Dans un premier temps, la contribution individuelle des membres de l'organisation participe aux résultats économiques en vue d'en assurer la pérennité.

Dans un deuxième temps, cette contribution individuelle trouve sa reconnaissance en retour par la bienveillance de l'organisation.

L'organisation doit en fait mettre en place un

modèle social d'intégration qui vient au service d'un modèle économique. Ce modèle social, ou plus simplement cette société, fait valoir une identité propre dont la culture et les valeurs sont la ligne directrice. Il ne s'agit pas là de sa politique mais du contexte dans lequel l'organisation se structure et évolue.

Si l'on s'accorde sur l'objectif de cette organisation, à savoir : assurer sa pérennité par l'investissement social et la valorisation des contributions individuelles et collectives, il s'agit de combiner dans la politique pour mener cette organisation, **les décisions et les choix, en vue de générer les moyens nécessaires pour la pérennité d'un modèle social, contributif et favorisant la reconnaissance individuelle et collective.**

De fait, on retrouve les objectifs de la politique tels qu'énoncés précédemment.
Ainsi, la politique d'une entreprise ou organisation professionnelle poursuit les mêmes buts que la politique du pays.
Se pose désormais la question : Existe-t-il une crise politique dans les organisations professionnelles ? Autrement dit, les objectifs politiques des organisations professionnelles sont-ils atteints ?

Pour répondre à ces questions, abordons la notion de « POLITISATION ».

3- De la politique à la politisation

On retrouve en effet, au sein de la sphère professionnelle, comme au sein de la société civile, des interactions similaires entre les individus. Ainsi, l'organisation professionnelle peut se percevoir comme « une cellule sociétale », c'est à dire un échantillon des comportements observables dans un périmètre plus large : la société dans sa globalité. De fait, les comportements individuels ou collectifs observés au sein des organisations professionnelles rejoignent ceux observés à l'extérieur et réciproquement.

Peu importe les environnements, on observe bien souvent des enjeux ou des objectifs qui prennent plus ou moins le dessus jusqu'à des situations dans lesquelles, les intérêts personnels sont alors privilégiés. C'est alors dans ce contexte que la politique prend le sens de « **manière prudente, fine, avisée d'agir** ».

On emploiera alors le terme de « politisation des organisations ».

Les actions deviennent alors contre-

productives, affaiblissent le modèle social collectif et affectent la pérennité de l'organisation en tant que société. En effet, l'organisation reste alors une priorité collective mais simplement comme théâtre pour une valorisation personnelle des individus.
Il n'est nul besoin d'exemple pour comprendre ces situations tant elles sont répandues dans nos organisations. Chacun, de sa propre expérience, peut tirer des illustrations d'une organisation politisée dont certains chefs de services ou des fortes têtes sont parfois les acteurs principaux.

L'organisation politisée peut alors se traduire par une orientation des moyens en vue de satisfaire les intérêts personnels d'une partie des individus constituant une société.

Cette notion de politisation doit alors s'entendre comme la perversion des organisations professionnelles par l'introduction de comportements observés en politique dans la société civile.
On sous-entend alors que les moteurs de la crise politique citoyenne viennent impacter les organisations professionnelles.
Or, je le rappelle l'entreprise ou l'organisation

professionnelle est un « échantillon sociétal » ou ce que l'on nommera une « cellule sociétale ». La politique est une nécessité dans toute organisation et la crise observée dans la société civile n'est pas une épidémie.

Cependant elle trouve ses causes en amont de la société et de fait, ces causes impactent toutes les organisations. Leur structure ou leur taille importe peu.

J'assimile la politisation à la « dénaturation politique » d'une société, générant une perversion de son organisation.

Ainsi, les phénomènes d'individualisation sont des symptômes dont les causes se développent bien plus en amont et se répercutent, aussi bien dans la sphère professionnelle, que publique et privée.

En fait, les comportements migrent d'une sphère à l'autre. Soit ils sont initiés dans un des environnements soit dans l'autre mais finissent par se mixer puisque toutes ces populations sont composées des mêmes individus.

On peut alors s'interroger pour savoir si la sphère professionnelle est plus influente ou non que la sphère publique sur les comportements.

Autrement dit, la politisation naît-elle de l'organisation professionnelle et se transfère à l'extérieur ou est-ce l'inverse ou bien encore est-ce que l'influence est mixte sur les individus ?

Pour répondre à cette question, il est désormais nécessaire d'évoquer les causes profondes du phénomène de politisation, omniprésent dans de nombreux contextes et qui se traduit par l'émancipation d'individualités, mais surtout d'individualismes.

La politique est un outil qui s'inscrit dans un contexte. Le malheur est d'utiliser cet outil pour promouvoir des fins personnelles dans un contexte social actuel fondé et s'appuyant sur des valeurs devenues avant tout économiques. Ce contexte économique prédominant est le résultat de l'investissement de sociétés servant l'enrichissement personnel de minorités plutôt que leur propre développement structurel et social.

Dans cet environnement à prédominance économique, les sociétés s'éloignent encore de leur visée collective.
Ces « valeurs » constituent une échelle sur laquelle chacun des individus est amené à se

positionner.

De là naît une compétition sociale, associée à une quête d'épanouissement personnel dont l'objectif est une reconnaissance exclusivement individuelle car la société ne sait pas le proposer collectivement.

La politique mutée en politisation trahit une quête d'identité par un positionnement social qui n'a pas plus de réalité sociale que la politisation n'a de vocation sociale. Bien loin de la vocation sociale de la politique, la politisation sert une quête de pouvoir. Ou : quand le pouvoir devient une référence sociale!
Le processus d'affirmation d'identité franchit une nouvelle étape dont la rationalisation est un nouveau facteur environnemental prédominant.

4- De la rationalisation à la quête de pouvoir : la politisation trouve son terreau.

Je le rappelle : je définis la Politisation comme la forme aboutie, pour toute organisation, de pratiques politiques déviantes.

4-1 De la rationalisation au contrôle.

Reprenons pour point d'entrée le contexte professionnel et ses organisations :

L'évolution des organisations professionnelles contemporaines les a menées à des systèmes organisationnels construits en processus, découpés, hiérarchisés, classés, catalogués, renseignés, ...
Ces organisations rationnelles sont celles que Henry Mintzberg nomme et décrit comme « la bureaucratie mécaniste » dans son ouvrage « Le management : Voyage au centre des organisations ».
Ces structures ont accompagné leur développement par la mise en place d'un système organisationnel alors nommé

« système de gestion » dont le contrôle ou pilotage des processus est la clé. On parle de maîtrise des processus et cette notion de maîtrise est bien la finalité de ce découpage.
Cette voie est assez bien dans la lignée de celle tracée par Taylor à laquelle les normes actuelles ont ajouté des obligations de formalisation.

L'objectif n'est pas ici de critiquer ces systèmes « modernes » d'organisation mais de comprendre pourquoi et comment ils sont devenus des standards inévitables avec leurs avantages mais aussi leurs inconvénients.

Avant tout, il faut comprendre qu'il est communément admis que l'évolution d'une société doit fatalement s'accompagner de structuration et d'organisation, communément appelé « le changement ».
Pour rappel, par structuration on entend construction d'une structure et par organisation, le fonctionnement et la gestion des composants structurels.

Toute société est à la fois structure et organisation. On parle pour l'instant d'organisations professionnelles, mais bien entendu, ces « cellules sociétales » peuvent s'appréhender à toute autre échelle.

Ainsi, les notions de structure et d'organisation sont deux étapes du ressort d'individus désignés pour construire la **politique** nécessaire à leur mise en place et à leur fonctionnement.
Que ce soit dans des contextes de croissance ou de crise, on mesure bien l'écart potentiel avec la définition retenue précédemment pour la politique et que je résume par :

Les décisions et les choix en vue de générer les moyens nécessaires pour la pérennité d'un modèle social, contributif et favorisant la reconnaissance individuelle et collective.

En effet, les dirigeants responsables de ces choix et décisions ont souvent d'autres priorités ou des priorités plus restreintes qui les amènent à une politique que je définirais plutôt ainsi :

Les décisions et les choix en vue de générer les moyens (structure et organisation) nécessaires pour la pérennité d'un modèle économique.

Cette dérive trouve ses causes par le fait que

dans des structures toujours plus grosses, du fait des croissances externes entre autre, il se produit une fracture ou déconnexion entre les problématiques de terrain et les problématiques organisationnelles.

Les macro-structures ne permettent plus de conjuguer et d'accorder le volet social et le volet économique d'une société. Les choix structurels et organisationnels (la politique décidée et mise en œuvre) se détachent des réalités et se calent donc sur les fameux standards évoqués précédemment. Ces références à des succès ou réussites guident et fondent des politiques clés en mains qui répondent à des équations dont la logique implacable **les ancre dans la rationalité**.

Il y a là confusion entre les moyens et les objectifs. C'est ainsi qu'organiser, via le fondement d'une politique, devient gérer.

Par ailleurs, l'autre conséquence ou symptôme observable dans ces macro-structures est également un fait de rationalité. Le manque de proximité et de lecture du terrain de la part des dirigeants, garants de la politique, les oblige à rationaliser leur environnement dans un but exclusif de pilotage et de contrôle.

De là commence la valse des tableaux de bord, des indicateurs et des reportings, que les outils de communication modernes rationalisent à outrance. Les systèmes d'informations et les intranet ne sont que des outils mais il n'est pas rare de les voir trôner sur un piédestal jusqu'à faire de l'ombre aux objectifs de l'organisation. D'ailleurs, il arrive parfois que les cadres de ces organisations passent plus de temps à formaliser des données qu'à œuvrer pour le progrès.

C'est alors que les managers deviennent des gestionnaires dont la préoccupation quotidienne est d'atteindre des objectifs quotidiens, hebdomadaires, mensuels ou annuels et parfois de retravailler les chiffres ou données du passé pour les accorder à des objectifs futurs. Ce grand écart temporel rend difficile la prise en compte des problématiques concrètes par une analyse objective du terrain.

Une des preuves de cette déconnexion du terrain par les dirigeants dans ces macro-structures est l'usage de consultants extérieurs pour diagnostiquer sa propre organisation. C'est ainsi, qu'avec la croissance des structures, prolifèrent cette méconnaissance du terrain et la généralisation des standards structurels et organisationnels au détriment des politiques économiques et sociales proches des individus.

Pour résumer : l'organisation grossissante nécessite une structuration permettant de la contrôler. Cette structuration s'appuie sur des standards éprouvés. Cette rationalisation s'accompagnent de tableaux de bord qui focalisent les actions et conditionnent donc la politique vers une rationalisation toujours plus économique que sociale. **Le manager devient gestionnaire.**

Cette rationalisation constitue la première étape de mutation vers la politisation.

En effet, dans un deuxième temps, cette rationalisation se déploie dans l'organisation par des phénomènes de délégation qui amènent chacun des protagonistes à se concentrer sur des composants ou sous-composants structurels de cette organisation. Ce recentrage s'accompagne d'objectifs et de sous-objectifs quantifiables dont les contrôles doivent garantir les résultats de l'organisation.

Dans un contexte de dé-socialisation de la politique de l'organisation et de rationalisation des contrôles, naissent et prolifèrent alors des comportements individualistes, chacun étant focalisé sur ses objectifs.

4-2 du contrôle au pouvoir.

Dans ce contexte individualisé d'objectifs et de contrôles, il devient difficile d'apporter une cohérence globale aux actions. Ces politiques de gestion se déclinent au rythme d'objectifs divergents.

Ce découpage induit fatalement des tensions dans des structures rationalisées et désocialisées. Elles ouvrent la porte à des conflits et des luttes de pouvoir entre les services et chefs de service. Le pouvoir revient alors à ceux qui contrôlent.

Le contrôle, sous toutes ses formes, est alors la source de pouvoir générant encore plus de rationalisation et toujours plus de contrôle.

Chacun à son niveau cherche alors à acquérir une part de pouvoir en essayant de contrôler une part de son environnement dans l'organisation, fractionnant alors la structure même de cette organisation : Il y a « déstructuration ».

Ainsi, politisation et quête de pouvoir vont alors de pair et la politisation s'installe définitivement dans des organisations dont la structure formalisée et simplifiée occulte l'intérêt d'une politique réelle, sociale et collective qui pourrait gommer les tensions individualistes et faire valoir une identité collective autrement nommée « Culture ».

Vous noterez que bien souvent la culture, au sens social d'une entreprise, appartient au passé. Les cultures actuelles sont souvent rapportées à des faits de rationalité tels l'innovation, la qualité, etc...

Finalement, par ses effets communs, cette rationalisation, mise en cause dans ces sociétés professionnelles, peut être le même phénomène qui fait perdre également leur cohérence à la plupart des organisations aujourd'hui en crise. Les organisations politiques n'y échappent donc pas, de sorte que la crise politique installée depuis des décennies ne laisse plus de place à la cohérence; impose les querelles et luttes de pouvoir; désintéresse les citoyens avec des débats technocratiques de gestionnaires dont les décisions installent l'individualisme et la division sociale.

Dans le même temps, le modèle social français conserve sa raison d'être et sa survie que de son histoire et son financement à crédit.

La rationalisation semble être en cause. Il existe d'ailleurs une définition spécifiquement appliquée à la politique.

Étymologiquement la « rationalisation » vient de rationnel et du latin « ratio » : calcul, raison. L'action de rendre plus rationnel est donc de rendre conforme à la raison. Ainsi, au sens large, il s'agit d'organiser les choses d'une manière plus efficace en supprimant ce qui est inutile et en se fondant sur la logique et sur la science. D'ailleurs, des définitions s'appliquent spécifiquement aux domaines évoqués précédemment :

En économie : la rationalisation vise à réorganiser un processus afin d'accroître son efficacité économique ou d'améliorer son fonctionnement. Elle s'accompagne de ratios mathématiques, d'indicateurs de performance qui mesurent les points clés de son fonctionnement.

En politique : dans un régime parlementaire la rationalisation désigne l'ensemble des moyens mis en œuvre pour assurer la stabilité et l'efficacité gouvernementale, notamment une majorité parlementaire homogène, rendant plus difficile la mise en jeu de la responsabilité politique du gouvernement par l'Assemblée.

La rationalisation n'est pas une mauvaise chose en soi car elle vise l'amélioration et l'optimisation ce qui pourrait, dans le cadre d'une politique bien menée, se faire au profit du modèle social.

Pourtant, ce n'est pas ce que l'on observe. Les actions de rationalisation sont de telle ampleur que les individus via les organisations sont noyés de rationalisation à tel point que la raison, fondement même de la rationalité nous échappe, au profit de comportements instinctifs visant la défense d'intérêts personnels.

En effet, tous ces chiffres, ou données rationnelles, nous éloignent des réalités concrètes, trompent notre raison et influent sur nos comportements individuels et collectifs.

Les standards d'évaluation touchent tous les domaines et deviennent des réflexes dans nos actes et pensées quotidiennes.

Dès lors, il existe un dernier sens au mot rationalisation comme : « la justification logique et consciente d'une conduite qui relève de motivation inconsciente ».

Ainsi, la rationalisation devient une activité permettant de justifier des actes ou des pensées, ce que j'appellerai : « faire parler les chiffres », quand tous ces ratios et statistiques nourrissent les méthodes de gestion évoquées précédemment.

De cette façon, la rationalisation est l'outil idéal pour servir les intérêts personnels des

« **Sachants** » : ceux qui possèdent les chiffres et imposent à tous les autres de se conformer à ce moule de la rationalité. Ainsi et de même, le positionnement individuel et collectif s'appuie sur une recherche de rationalité.

En effet, dans cet environnement en mutation au gré de la croissance des structures, comment se positionne l'individu?

Comment au delà d'une hypothétique identité collective peut-on se construire une identité individuelle cohérente ?

5- Le positionnement individuel (recherche d'identité collective ou individuelle) : Quelles sont les données rationnelles sur lesquelles m'évaluer ?

L'individu, immergé dans ce cadre et cet environnement professionnel, est contrôlé et évalué quotidiennement et doit se conformer à ce modèle rationalisé et formel. L'influence de ce contexte forge les comportements de l'individu et le guide dans une recherche de reconnaissance personnelle et/ou collective.
Cette quête l'amène à se conformer au modèle qui l'entoure et à sa rationalité. L'individu va alors occulter les valeurs superflues sur lesquelles il ne sera pas évalué, pour se concentrer sur les données fondamentales contrôlées par l'organisation. Ce positionnement d'identification individuelle dans le monde qui l'entoure invite une majorité au conformisme social. Par conformisme, Il ne s'agit pas ici de faire valoir les mêmes points de vue ou les mêmes idées, mais de focaliser l'évaluation individuelle sur des critères simplifiés, isolés et communs. Ces critères sont thématiques mais surtout réducteurs, car plus

l'organisation est structurée, plus les niveaux de contrôle sont nombreux et pointus, et plus ils sont reportés sur de nombreux membres de l'organisation.

Ainsi c'est pourquoi, dans la « cellule sociétale » que constitue l'entreprise professionnelle, je parlerai de « conformisme social » mais aussi « d'atrophie organisationnelle ».

Prenons l'exemple, d'une grande entreprise très vigilante sur la sécurité : une partie de sa structure est dédiée à ce domaine. Un responsable sécurité est nommé et des objectifs rationnels, concrets et précis sont définis. Ces objectifs sont plus ou moins convergents avec ceux des autres services mais reposent sur des critères d'évaluation face auxquels chaque membre de l'organisation devra se positionner, soit en les respectant plus ou moins, soit même (plus rarement) en s'y opposant.

Ainsi, la sécurité sera dans cette entreprise une des composantes organisationnelles parmi quelques autres qui définissent son modèle et participent à sa structure. Ces quelques critères contribuent à la dénaturalisation sociale de cette société en imposant un conformisme dont l'objectivité et la rationalité sont imposées à sa structure par son modèle d'organisation associé.

Là encore, ce nombre de critères réduit induit plus de tensions sociales car moins de flexibilité et de souplesse permettant un positionnement individuel plus libre et surtout moins contraint par une quête de reconnaissance restrictive.

L'individu est alors conditionné pour se reconnaître et s'identifier sur des critères qui caractérisent son environnement, ou plutôt l'environnement qui l'entoure, avant de le caractériser lui-même. A tel point que, dans les stratégies de management, il est convenu que pour faire évoluer les comportements, il suffit de faire évoluer l'environnement.

Tels des points de repères, ces critères sont autant de clés de ralliement composant le ciment de la structure de cette société.
La vertu de cela est l'établissement d'une culture comme vecteur d'identité collective, mais malheureusement fondée sur la rationalisation. Cependant, comme dans un mur de pierres maçonnées, plus le ciment est compact et dur et moins les pierres sont libres.

La culture d'une organisation est-elle un frein à la liberté individuelle ? Ce ciment culturel est-il finalement nécessaire et indispensable?
En effet, il existe des murs de pierres sèches dont l'organisation et la tenue ne dépend pas d'un ciment mais plus des spécificités de chaque pierre et de l'organisation ou mise en relation qui en est faite.
Ainsi peut s'illustrer le positionnement individuel dans un cadre d'identité collective.

Dans ce type d'organisation ou de société industrielle, chaque individu se perçoit (ou s'identifie) plus ou moins ancré dans la culture et l'organisation.
Celle-ci sert au moins de repère et/ou de cadre à l'affirmation de l'identité.

Ce phénomène de reconnaissance individuelle appelle alors une cohérence de l'individu dans son positionnement face à son environnement.
Ainsi, s'induit une recherche de cohérence de l'individu jusque dans sa sphère privée.
Cette recherche de cohérence correspond à la justification rationnelle des actes et pensées de l'individu par lui-même et pour lui-même.

6- La reconnaissance individuelle comme mise en conformité individuelle : le principe de cohérence à un contexte rationnel et ses critères.

6-1 L'identification des critères de cohérence : pouvoir et influence comme critères des critères.

Pour chaque individu, ses environnements sont multiples et complexes : professionnel, social, familial, culturel... et constituent autant de noyaux d'identité collective auxquels il est exposé.
Chacun va alors chercher à s'identifier, se rattacher à des critères et mettre en jeu un principe de cohérence afin de faire émerger un positionnement individuel rationnel. Ainsi, trouver son identité consiste pour l'individu à s'évaluer et se positionner vis à vis d'un collectif dans des environnements multiples; environnements produisant autant de miroirs dont les reflets doivent être cohérents.
Cette quête de cohérence produit des

comportements orientés pour satisfaire aux critères d'évaluation. Ces critères sont hiérarchisés, prédominent en petit nombre et sont souvent antinomiques ou divergents. Cette focalisation des préoccupations et des efforts (pensées et actes) génère de la performance au regard des critères ciblés mais ne constitue pas une performance globale.

Par ailleurs, cette rationalisation autour de critères ciblés simplifie les problématiques et donc leur maîtrise. Ainsi, la rationalisation permet une simplification qui devient de fait intéressante pour l'individu pour évaluer et contrôler son environnement.
La maîtrise et le contrôle encourage donc la rationalisation.

Selon le type d'environnement, il s'agit d'objectifs, de valeurs, ou d'autres types de critères. Mais fatalement, et comme évoqué précédemment, rationalisation rime avec contrôle et contrôle avec pouvoir.
Ainsi, le pouvoir devient pour l'individu un des critères de son évaluation individuelle au sein d'une société. Il se passe donc un processus auto-motivé qui génère du pouvoir comme objectif de réussite et qui s'affirme par le contrôle dont une des clés principales est la

rationalisation.

Ainsi, ce processus se diffuse dans les sociétés professionnelles comme dans les sociétés civiles ou dans la sphère privée.

La recherche de critères rationnels dans la sphère privée se focalise donc sur un processus en deux étapes :

Tout d'abord, l'identification des critères se résumant à une quête de pouvoir rendant possible l'influence au delà de la prédominance puis, dans un deuxième temps, le positionnement de l'individu sur l'échelle relative à ces critères.

Cela se résume par : 1-identification des critères puis 2-positionnement individuel.

Pouvoir et influence se révèlent ainsi comme critères des critères d'une rationalisation dont l'identité individuelle et/ou collective se forge au sein de tous types de société.

6-2 Positionnement et reconnaissance individuelle.

Les modèles organisationnels voient leurs

structures, initialement articulées autour de composantes individuelles et sociales, mutées en structures rationalisées puis en macro-structures d'influences et de pouvoirs.

En effet, à ce stade, la structure est dimensionnée et caractérisée par son affirmation, qui de sociale est devenue d'influence. Ainsi, ces macrostructures de pouvoirs peuvent dorénavant être portées par des minorités.
La dimension sociale s'efface alors au profit d'une prédominance individuelle. La reconnaissance sociale devient avant tout individuelle et engage chacun à s'auto-évaluer, se comparer et se juger.
Le résultat de cette analyse et la façon dont l'individu se reconnaît individuellement, l'amènent à se positionner socialement, non par l'appartenance à un groupe social mais par une performance atteinte sur l'échelle du pouvoir et de l'influence.

Par conséquent, les structures se résument alors à des relations interpersonnelles de subordination et de soumission mais beaucoup moins de collaboration.

Selon les environnements, on peut donc

retrouver des positionnements individuels différents puisque les structures de ces environnements intègrent des personnalités diverses : un leader dans sa sphère professionnelle peut très bien ne pas se reconnaître ainsi dans sa sphère privée selon que les réseaux d'influences sont différents.

C'est alors qu'entre en jeu le principe de cohérence qui remet l'individu face au paradoxe de sa situation et à ses contradictions : cet individu, à la fois leader et à la fois suiveur, ne pourra naturellement pas se satisfaire de cette situation qui l'amènera alors soit à chercher à rétablir une cohérence, soit à mal vivre cette ambivalence. Celle-ci peut devenir une souffrance quotidienne plus ou moins consciente et affirmée selon l'implication de l'individu dans le modèle structurel de chacun de ses environnements.

L'individu est donc contraint entre une quête de pouvoir et d'influence et une mise en cohérence de son positionnement individuel dans la diversité des environnements qui l'entourent.

Voici ce qui caractérise l'individu que je nomme « l'Être Numérique » dont la quête de rationalité entretient les contradictions.

7- De la richesse de l'Être à l'Être numérique : l'identité individuelle change de modèle.

7-1 L'identité individuelle sociale.

Pour résumer, l'individu porte des valeurs qui l'inscrivent dans la société ou dans toute « cellule sociétale » à laquelle il appartient. Par sa contribution, il participe à la mise en œuvre d'une structure et de son fonctionnement. Cette organisation a vocation à se maintenir et donc perpétuer son modèle. Dès lors, ce sont les liens reliant les individus entre eux qui définissent ce modèle et constituent les rapports entre individus.

Ce modèle peut donc être qualifié avant tout de « social » et se caractérise par des critères dits « sociaux ».

L'individu perçoit son identité au travers du groupe auquel il se réfère : c'est ce que nous nommerons « l'identité individuelle sociale », c'est-à-dire la perception de qui l'on est.

De ce fait, cette perception est sensitive, liée aux émotions et relative aux autres individus. Elle est donc globale mais peut se préciser en fonction de critères sociaux privilégiés.

Par la richesse des possibilités, cet environnement social est donc unique et propre à chaque individu (cercle familial, d'amis, professionnel, relationnel) et fonde donc une infinité d'individualités dont les échanges et interactions offrent la richesse de nos sociétés.

Bien entendu, tout cela peut s'appréhender pour tout type de société ainsi que pour des cellules sociétales que constituent, comme nous l'avons déjà évoqué, nos organisations professionnelles par exemple.
De nouveau, ce parallèle va nous amener à comprendre en quoi ce modèle social élémentaire se dénature face au processus de rationalisation de nos environnements et des organisations qui les régissent.
En effet, la rationalisation de nos organisations par souci de contrôle a entraîné les individus, membres de ces organisations, à ne se percevoir, eux-mêmes, que par ces critères rationnels qui constituent leur quotidien.
Ainsi les sondages, les indicateurs ou les études statistiques sont devenus les repères, les balises pour s'imposer dans les structures, leurs organisations et donc les sociétés dans lesquelles nous évoluons.

La simplicité de ces données rationnelles accélère la lecture de ce positionnement et rassure l'individu face aux autres qui l'entourent. Qui plus est, il est habitué à ces modèles d'évaluation qui baignent son quotidien et vers lesquels le principe de cohérence de ses actions le dirige.

Dans ces organisations où le modèle social devrait apporter le progrès et les bénéfices aux individus, comme l'impose son principe, nous observons ce que je nomme la « dénaturation du modèle social ».
En effet, la quête de reconnaissance individuelle systématique, conjuguée aux phénomènes de rationalisation, entraîne son principe dans des travers préjudiciables aux individus, acteurs majeurs du processus.
L'individu rationnel, en quête de reconnaissance, sélectionne une série de critères sociaux (parfois plus ou moins!) et par un raisonnement simplifié auto-évalue son positionnement. La reconnaissance ne venant plus comme résultante du modèle social, l'individu se voit contraint à cette auto évaluation.
Je le rappelle, la sélection des critères est la première étape : « Quels critères sont importants à mes yeux ? ».

Malheureusement, la diminution et la concentration des critères au fil du temps génèrent des critères majoritaires fondamentaux qui dominent ce processus d'auto-évaluation.

Après plusieurs décennies, la concentration des critères, cause de la dénaturation du modèle social, a mis en avant deux critères phares que sont l'influence et le pouvoir.

Le modèle social ne fonctionnant plus dans le but de promouvoir et de protéger les individus d'une société, il impose à chacun de se satisfaire d'une reconnaissance acquise ou tout du moins recherchée. Ce recentrage individuel détache l'individu de sa nature altruiste.
Par ailleurs, les deux critères dominants cités ci-dessus, engagent souvent l'individu à se compromettre dans des jeux d'apparence et de séduction. Or, passer du temps à vouloir se montrer autre que l'on est, c'est s'oublier soi-même.

L'individu doit donc aller chercher dans un environnement rationalisé ce que le modèle social ne sait plus lui apporter. Il s'agit bien là de la reconnaissance, composante permettant de forger l'identité individuelle.

Par conséquent, il va de soi, que le bénéfice collectif, identitaire et social se trouve entaché par ce recentrage individuel.

Il s'agit probablement d'une des causes d'un individualisme croissant résultant de cette dénaturation d'un modèle social censé juste et équitable, ne s'appuyant finalement que sur la promotion de quelques critères.

7-2 Vers un modèle social économique.

La dénaturation du modèle social entraîne les individus dans une quête d'influence et de pouvoir dont la conséquence est une perte d'altruisme, un individualisme grandissant et une peur du prochain.
Certaines variantes peuvent s'observer, nous allons les évoquer en commençant par le modèle social familial puis le modèle social économique.

7-2-1 Le modèle social familial.

Dans toutes les structures organisées dans lesquelles nous évoluons, les individus se retrouvent face à eux-mêmes : entourés mais seuls, inclus mais isolés.
Seul le modèle familial pourtant parfois structuré et même très organisé semble échapper à cette évolution. La quête de pouvoir et d'influence y semble moins développée car les liens entre individus sont avant tout biologiques et donc non contestables ou modifiables. Toutefois, il se peut que des cellules sociales familiales évoluent ensemble : composées de plusieurs familles et parfois

nommées « clan », on y retrouve alors une organisation dont les liens relationnels peuvent s'apparenter à cette fameuse quête d'influence et de pouvoir. Dans ce cas précis, le modèle social est aux frontières du modèle social familial, plutôt épargné par les luttes de pouvoir, et du modèle professionnel pris précédemment en exemple.

Cette ambivalence permet de pointer sur quels critères se joue cette bascule d'un modèle à l'autre. En effet, dans un modèle social familial, même de type clan, l'influence et le pouvoir passent par la reconnaissance des autres en termes de légitimité, d'expérience ou de savoir. Ces notions sont reconnues par les individus de ces organisations.

Cependant, un modèle familial simple ne fait pas appel à ces notions par le simple respect des liens biologiques incontestables. De fait, il ne s'agit pas de données rationalisées mais bien d'un bagage respectable par sa complexité, sa richesse et son antériorité.

L'équilibre plutôt sain observé dans ces organisations peut cependant se trouver altéré par la prise en compte de données rationnelles telles que promues dans les organisations professionnelles ou dans d'autres environnements extérieurs.

Dès lors, le fait de posséder quelque chose

permettant de se démarquer (armes, voitures puissantes, objets insolites,...) ou d'avoir un « tableau de chasse » (conquêtes amoureuses, casier judiciaire,...) permet d'approcher une certaine cohérence avec les modèles de pouvoir qui nous entourent, déstabilisant alors l'ordre établi de ce type de modèle social familial.

Dans le cas présent, un des facteurs clés permettant cette mutation est l'argent.

C'est ainsi qu'un modèle social stable évolue vers une mise en cohérence avec les modèles rationnels. L'argent devient alors un moyen de répondre à cette quête d'influence et de pouvoir précédemment évoquée. Nous parlerons alors de **modèle social économique** pour lequel l'argent se met au service du pouvoir.

7-2-2 Le modèle social économique.

Notre quotidien, guidé de rationalité, est un environnement tout à fait adapté pour appréhender cette notion d'argent et de valeur. En quête de reconnaissance, l'individu trouve dans ce nouveau repère une balise rassurante pour se situer au sein de la société ou d'une organisation quelle qu'elle soit.

Cependant, avoir de l'argent n'est pas en soi

satisfaisant. Au-delà d'un simple critère, c'est plus l'utilisation qui en est faite qui permet d'évaluer le positionnement de l'individu.

Il s'agit bien du critère économique au service des critères absolus que sont l'influence et le pouvoir.

En effet, il s'agit de distinguer un individu riche, économiquement aisé mais au service du progrès social par le partage, la reconnaissance et l'altruisme d'un individu aux mêmes ressources mais les utilisant à des fins d'influence et/ou d'affirmation de pouvoir personnel.
Il n'est pas nécessaire de préciser que le deuxième cas est le plus répandu car dans ce modèle social économique, la majorité des individus cherche à attirer à elle les moyens nécessaires à la démonstration de sa richesse personnelle.
Sur l'échelle du critère économique, l'amplitude est très large entre celui qui possède le plus grand yacht ou pour d'autres le dernier téléphone à la mode. Il s'agit bien d'une forme de démonstration de pouvoir et d'influence quand la richesse économique permet alors l'attachement social d'individus au sein de groupes.

La carence d'identité collective donne l'opportunité à ces individus influents de fédérer autour d'eux des groupes en offrant à d'autres l'opportunité d'améliorer leur positionnement individuel dans ce modèle social et économique.

Le critère économique est l'aboutissement d'une rationalisation à outrance car il permet efficacement une lecture sans ambiguïté du positionnement social individuel et collectif mais sans être une fin en soi.

L'objectif est bien l'influence et le pouvoir dont le critère économique est devenu l'indicateur majeur. De cette façon, la confusion entre moyen et objectif amène la plupart des individus à poursuivre des intérêts économiques et ainsi générer et entretenir ce que je nomme le « modèle social économique » sous-tendu d'influence et de pouvoir.

L'Être Numérique évoqué précédemment se caractérise donc avant tout économiquement dans une société.
La notion sous-jacente d'influence et de pouvoir visée mais moins quantifiable devient toutefois plus perceptible dans les environnements où le critère économique est lissé, c'est-à-dire dans

des groupes où le positionnement (l'échelle) économique est figé :
Par exemple, les entreprises avec leurs grilles de salaire ou les regroupements socio-économiques (banlieues pauvres ou riches, quartiers, organisations syndicales ou patronales, écoles « prestigieuses », etc).
En effet, dès lors que l'on perd de la mixité sociale, au sens économique, nous observons alors directement les luttes d'influence et de pouvoir au grand jour.

Pour autant, le curseur de la mixité sociale associé à la prédominance d'un modèle social économique n'est pas socialement satisfaisant. Selon les environnements, cela favorise dans un sens le communautarisme ou dans l'autre les luttes d'influence et donc les inégalités au profit de minorités.

7-2-3 Le pouvoir d'achat, grande illusion du modèle social économique.

Il va de soi que ceux qui trouvent leur intérêt dans cette mutation du modèle social ont à cœur de le promouvoir et de le pérenniser. Le critère économique est mis en avant et encensé et ceci d'autant plus naturellement que les bâtisseurs des politiques des organisations sont les premiers bénéficiaires de cette dérive.

Ainsi, dans une plus ou moins grande mesure, les actions et décisions viseront des intérêts personnels ou se feront au profit de petits groupes privilégiés. La difficulté se trouve alors dans l'endormissement des classes sociales susceptibles de dénoncer ces inégalités. Il ne s'agit pas d'actions "complotistes" conscientes mais plutôt d'orientations imbriquées et complexes en réponse aux environnements de plus en plus rationalisés.

De ce fait, il y a un décalage qui se crée entre les besoins vitaux et fondamentaux de la société et ceux qui apparaissent prédominants pour maintenir l'équilibre du modèle social économique. Les derniers, par définition, trouvent des réponses dans la démonstration et l'apparence : le dernier téléphone, le profil sur les réseaux sociaux, la voiture la plus puissante ou dans l'air du temps, la décoration de son habitat, la tenue vestimentaire, bref, tout ce qui peut être promu à des fins économiques avant même de servir un besoin fondamental de l'Être tel que : la santé, le bien-être, l'altruisme gratuit, l'écologie par le respect de l'environnement.

Bien sûr, dans ce modèle social économique c'est l'argent et les capitaux qui permettent une réponse à ces besoins en

déstabilisant d'autant plus l'équilibre social et collectif .

La quête de pouvoir et d'influence est toujours le moteur social et l'argent en est le carburant. C'est ainsi qu'émerge la notion de pouvoir d'achat comme le Graal du positionnement et de la reconnaissance individuelle : sans pouvoir d'achat, pas de pouvoir et sans pouvoir, pas de reconnaissance individuelle. Tel pourrait être le slogan marketing pour promouvoir le pouvoir d'achat. Cependant, il n'en n'a pas besoin tant les rouages économiques sont bien huilés.
Cela va plus loin, quand dans ce monde rationalisé, tous ces sondages et études statistiques nous démontrent notre place sur l'échelle économique et à coup de rationalité, poussent notre inconscient à viser plus haut sur l'échelle sociale.
On ne se contente plus de l'acquis, mais nous nous focalisons sur le potentiel « progrès social », bien-sûr économique. Il s'agit de l'illusion du pouvoir d'achat que je préférerais nommer le « **devoir d'achat** » : pour être reconnu dans ce modèle social économique conçu et maintenu pour une minorité, je dois en tant qu'individu, augmenter mon pouvoir d'achat. Malheureusement cette contrainte sur mon quotidien me rend dépendant du modèle

social économique par la pression du devoir d'achat. Cette rationalisation me rattache au monde matériel porté par les objets connectés et plus largement l'ère du numérique.

Les individus que nous sommes sombrent d'autant plus dans l'ère matérielle, détachés de nos concitoyens. L'Être numérique, guidé par le marketing, le besoin et le devoir d'acheter, s'enferme dans ses contradictions et désormais ses dépendances.
En effet, de nombreuses valeurs et principes sont happés par ce système : la valeur travail est dévoyée et déstabilisée. De plus, la menace du chômage fait du travail une dépendance, non plus pour servir la société, mais les intérêts individuels de notre pouvoir d'achat. Perdre son travail est alors assimilé, non pas à une perte de contribution sociale, mais plutôt à une perte de reconnaissance de la société puisque je ne peux plus m'intégrer dans le modèle social économique.
Par cette pression quotidienne, les chantages et les abus de minorités permettent leur promotion individuelle. Cela est vrai au cœur même des organisations comme dans le débat économique avec les chantages au licenciement.
En France, dotée de son fameux modèle social,

le travail doit servir à la contribution collective. Or cette visée sociale est négligée dans les politiques organisationnelles.

En effet, cette dimension sociale n'est plus guère présente dans les organisations, au profit de l'émergence des RPS (Risques Psycho-Sociaux) plus insidieux du fait des mécanismes complexes de perte de cohérence et de leurs leviers de rationalisation.

Cependant, ce modèle social économique a ses excès et ses paradoxes qui par ailleurs le fragilisent. Ainsi, quand même le pouvoir d'achat devient inégalitaire et sans issue, alors la réalité se révèle et donne à une majorité silencieuse l'obligation de sortir de cette impasse pour se faire entendre. Ces individus prennent alors conscience de l'illusion que des minorités ont voulu imposer ces dernières décennies.

Le mouvement des « Gilets Jaunes » réclame du pouvoir d'achat mais finalement il s'agit plus de dénoncer les inégalités et l'impasse du modèle social économique.

De fait, il serait irresponsable de la part des décideurs politiques et des organisations, quelles qu'elles soient, de répondre par le maintien de ce système inégalitaire en apportant du pouvoir ou finalement du devoir d'achat. C'est toujours ce qui a été fait auparavant et nous en constatons aujourd'hui l'échec.

Le véhicule diesel et son carburant sont l'exemple même du Devoir d'achat imposé qui, par ailleurs, a été la goutte d'eau déclenchant le mouvement de ras-le-bol social porté par les gilets jaunes.

Ils semblent avoir perçu l'illusion sans en avoir détecté les origines. Mais, qui voudra tomber le rideau pour décrier un modèle social économique injuste alors même qu'il s'apparente au progrès social ?

Pour éviter toute confusion, je propose d'abandonner cette notion de pouvoir d'achat afin de ne pas se tromper sur l'essence même de la construction d'un modèle social cohérent.

D'autres échappatoires au modèle social économique peuvent exister mais présenter elles-mêmes des risques de dérive identitaire vers le pouvoir et l'influence.

7-3 La recherche d'identité au-delà du modèle social économique : vers le modèle religieux.

Face au modèle économique et au développement des inégalités, sans que le lien direct de cause à effet ne soit démontré, certains ont perçu l'impasse politique et ont promis des solutions spirituelles de défense. Je parle bien de défense, c'est-à-dire que, ne pouvant pas accéder au pouvoir économique, comment en tant qu'individu est-il possible d'imposer une influence et de démontrer cette supercherie collective économique ?

Une des réponses est d'accompagner sur la voie spirituelle.

À la fin du 20e siècle, les mouvements sectaires étaient nombreux et rapidement leur médiatisation, leur classification et leur condamnation a permis d'en démontrer l'incohérence. La plupart du temps, il s'agissait d'organisations au paroxysme de l'intérêt personnel économique de leurs leaders. Ces organisations caricaturales des dérives des modèles sociaux n'ont pas apporté la réponse attendue aux victimes des crises politiques et sociales de la fin du 20e siècle.

Cependant, reconnaissons que la condamnation de ces modèles sectaires a correspondu à une démarche de classification rationnelle qui, pour le coup, a permis une prise de conscience collective et sociétale.

Par la suite, certaines formes de mouvements religieux (avant tout plus spirituel) ont pu être une réponse à une quête de reconnaissance individuelle.

Leur développement s'est appuyé sur la dénonciation des inégalités et la promotion d'un modèle social plus juste. Ce détachement des questions économiques au premier abord a permis de fédérer sur des sujets idéologiques ou spirituels par la quête de sens et le combat contre des inégalités.

Plus les politiques et les organisations se noyaient dans leur modèle social économique (et ce fut le cas de la France), plus le modèle religieux trouvait du crédit. Ce fût vrai jusqu'à ce que le niveau de violence atteint permit une prise de recul et de conscience collective entravant alors cette fuite en avant de minorités en quête de pouvoir et d'influence.

Surtout, les enjeux matérialistes et terre-à-terre du « pouvoir d'achat » ont été un contre-pied idéal pour ces échappatoires spirituelles et le terrorisme s'y associant.

Finalement, ces explorations d'autres terrains n'ont pas démontré plus de justice sociale et ont fini par ancrer la majorité des individus dans la rationalité de leur quotidien.

Par cet exemple, nous pouvons voir que la rationalité est la clé pour éviter certaines dérives sociales extrêmes (sectes, terrorisme religieux), alors même que je la dénonce comme la cause d'une dérive et la dénaturation du modèle social. Cela est à noter pour ne pas stigmatiser un processus précieux à la préservation de la liberté et de la démocratie.

Pour autant, le modèle social économique est porteur de paradoxes et de dérives dont il faut comprendre les effets afin de les contenir.

8- Les dérives identitaires du modèle social économique.

J'ai déjà évoqué précédemment la notion « d'Être Numérique », mais pour bien en percevoir les contours, il est désormais nécessaire de revenir à la définition du terme numérique.

« Numérique » signifie qui est représenté par un nombre.

D'un point de vue technique, l'adjectif numérique s'emploie dès lors qu'une information est présentée et traitée sous forme de nombre : plus précisément, cette information correspond à une variable associée à une grandeur (par exemple longueur en mètre égale 6).

La numérisation, action de numériser, revient alors à identifier une ou plusieurs données variables (il s'agit de l'échantillonnage), puis, de quantifier chacune de ces variables, c'est-à-dire d'y associer une grandeur finie (arrondie).

La numérisation va plus loin avec l'informatique et l'électronique pour lesquelles les grandeurs numériques (de 1 à 10 par exemple) sont converties ensuite en 0 et en 1. Il s'agit de nombres binaires.

On parle communément de « tout ou rien » : une suite de « digits » positionnés chacun sur 0 ou 1 indique la grandeur numérique de chacune des variables obtenues de l'échantillonnage.

Ce codage permet une simplification et une rapidité de traitement des informations. Les programmes informatiques développés et utilisés pour cela s'appuient sur des algorithmes. La compression et l'optimisation des informations et des données sont facilitées, ainsi que leur stockage et leur transmission.

Beaucoup de secteurs ont profité ces dernières décennies de ce progrès technique, principalement ceux utilisant beaucoup de données et d'informations : le son, la photographie, la vidéo, les télécommunications et bien entendu l'électronique et l'informatique (fondement de l'Intelligence Artificielle).

De ce fait, la numérisation est aussi l'outil parfait de l'émergence et du développement des phénomènes de rationalisation décrits précédemment.

Une valeur numérique est donc une valeur finie qui caractérise une donnée numérique. On y oppose une donnée analogique qui désigne une grandeur physique variable représentant un phénomène par analogie : par exemple, la montée ou la descente du mercure dans un thermomètre rend visible les variations de température sur une échelle. De plus, il existe une infinité de valeurs à chaque évolution du phénomène.

Cela est différent du numérique qui quantifie une valeur de façon plus ou moins précise mais isolée (précision de la mesure).

Les systèmes ou mesures analogiques permettent ainsi d'évaluer ou de capter des éléments naturels (sons, images, temps qui passe, phénomènes).

De ce fait, **notre perception sensorielle, par nos cinq sens, est analogique**. Retenons cela car nous y reviendrons.

C'est ainsi que notre quête permanente de rationalisation et le souci constant de nous positionner sur l'échelle des données « pouvoir et influence » font de nous ce que je nomme « l'Être Numérique ». Cette caractérisation et cette évaluation individuelle n'est qu'un aspect de la numérisation de l'individu.

En effet, le processus de numérisation de l'individu est bien plus général.

Rappelons que le besoin de rationalisation des

organisations de plus en plus grandes a entraîné l'individu dans cette nécessité de se positionner en société en s'auto-évaluant. L'échantillonnage a permis l'identification des données sociales caractéristiques du phénomène. Il en est ressorti la donnée économique « pouvoir d'achat » ou « devoir d'achat » puis sa quantification numérique par la définition de classes sociales (pauvres, modestes, classes moyennes,privilégiés,...). Toutefois, cette introspection numérique, propre à chacun, a ouvert, là encore, la voie à des dérives collectives servant des intérêts individuels.

8-1 L'identité individuelle comme business national.

Les organisations (dont les organisations politiques malheureusement), dans leur recherche de performance et de profits, ont trouvé dans les outils numériques de ces dernières décennies une source d'informations inépuisable pour l'optimisation de leur stratégie marketing et commerciale. Leur objectif étant alors d'optimiser leur offre en la simplifiant tout en touchant la cible la plus large.
Pour cela, les statistiques et les sondages existent depuis longtemps, mais l'évolution de la société vers plus d'individualisme a rendu plus compliqué l'échantillonnage et la compréhension des groupes sociaux. Finalement, cela importe peu, puisque le développement du numérique est arrivé à point nommé en réponse à cette problématique.

Le souci individuel de s'affirmer socialement (pour ne pas dire économiquement) a poussé chacun à enrichir des bases de données ouvertes sur tous types de supports permettant ainsi de traquer nos habitudes de consommation et plus largement de vie.

Ces données servent tout types d'organisations et constituent donc désormais un marché avant tout national : la définition, la création et l'exploitation de ces bases de données est un business qui alimente les organisations traditionnelles qui se détournent alors de leur cible, ou plutôt s'en déconnectent. L'image ou modèle numérique de cette cible est plus rationnelle, et de fait, la réponse à apporter plus optimisée et donc plus rentable.

Tous les domaines sont concernés (publiques ou privés, économiques, sociaux, culturels ou politiques) car la performance est nécessaire pour financer à crédit notre fameux modèle social français si coûteux.

La spirale est engagée telle une satellisation des organisations, les projetant de plus en plus loin des individus et de leur singularité.

Cette offre économique et sociale, lissée, homogène, insipide, unique et formatée ancre de nouveau et de façon définitive les individus dans un environnement rationnel, conditionnant leur dépendance et leur quête de reconnaissance.

Les alternatives s'éteignent, étouffées par des diktats sociaux difficilement réfutables car justifiés par le progrès. Ils imposent à chacun cet auto-conformisme et cette appartenance sociale : je suis ce que je suis en faisant oublier ce que je pourrais être.

Cependant, le modèle social économique est toujours présent et de fait, ce « progrès » sert une minorité qui trouve le pouvoir et l'influence au détriment d'une majorité dont les nuances et la richesse des diversités s'effacent, se radicalisent, ou se marginalisent jusqu'à devoir un jour porter un gilet fluorescent pour se rappeler au bon souvenir d'une société aveugle devant ses réalités quotidiennes.

Cela se retrouve également dans les organisations les plus petites dont les entreprises professionnelles, les services publics et les associations. Bien entendu et à contrario, ce phénomène se produit aussi au delà de nos frontières et s'étend via les réseaux et les multinationales.

8-2 Un business mondialisé.

De la petite organisation à la multinationale, tout n'est qu'une question d'échelle, mais il va de soi que les phénomènes de concentration et de centralisation accentuent la nécessité de rationaliser ces structures.
Plus la pyramide macro-structurelle est grande, plus l'échantillonnage est élémentaire et moins la place de l'individu est représentée autrement que par les données qui le caractérisent.
Le fichage est une des dérives de ce phénomène. En soi, il est un outil de prévention qui peut être efficace tant qu'il sert une collectivité dans un but social. Mais, bien entendu, puisque l'on parle de dérive, cela n'est pas toujours le cas. Il n'y a qu'un pas jusqu'au franchissement des limites de la raison et finalement de la démocratie. Marc Dugain et Christophe Labbé, dans leur livre « l'homme nu », décrivent et démontrent précisément cet environnement en mutation. Pour autant, je souhaite rester à l'écart de tous ces chiffres, sondages et statistiques qui, au-delà de « l'homme nu » ou dévoilé, en font un « Être Numérique », c'est-à-dire détaché de son identité complexe et contraint d'appliquer à son

quotidien et dans tous les domaines, des repères et des raisonnements numériques.

En effet, je crains que cette contagion numérique ait perverti notre système de pensée en tant qu'être humain, balayant ainsi la richesse des individualités et l'étendue de notre imagination.

9- La pensée numérisée ou pensée sclérosée.

La pensée, selon sa définition est : « l'ensemble des processus par lesquels l'être humain au contact de la réalité matérielle et sociale élabore des concepts, les relie entre eux et acquiert de nouvelles connaissances ».

Le cerveau humain agit donc comme un système, un procédé, une machine capable de générer via son environnement réel, des données qui de nouveau exposées à cet environnement sont enrichies. Ce cercle vertueux permet la maturation des concepts tout en cultivant l'acquisition de connaissances.
Il s'agit donc bien de produire, c'est à dire d'apporter une valeur ajoutée aux informations collectées dans l'environnement. Le raisonnement est un des processus de pensée. Malheureusement, l'environnement est riche de facteurs dominant la raison. Ces facteurs sont ceux qui peuvent troubler une perception sereine de notre environnement : La peur, la culpabilité, l'euphorie, ...
L'individu doit focaliser sa perception sur son environnement et non pas sur sa propre

personne. Son corps est un instrument qui doit rester neutre et objectif et dont les données collectées fluctuent quand l'environnement évolue.

Ensuite ces données sont analysées, soumises à interprétation, recoupées et la pensée donne lieu à de nouvelles idées. Plus la perception de l'environnement est neutre, plus son analyse sera objective.

La structuration de la pensée individuelle se fonde sur son environnement et lui même doit sa structure à l'intervention de l'homme.

Le processus de pensée appréhende donc son environnement comme des phénomènes. De fait, leur perception par l'individu est donc de type analogique. Le cerveau gère en effet une infinité de données qu'il évalue sur des échelles infinies de valeurs.

Les cinq sens du corps humain sont les récepteurs de son environnement. Par la vue, le toucher, l'odorat, L'ouïe et le goût, l'être humain ressent une réalité matérielle et sociale afin d'enrichir ses connaissances et nourrir sa réflexion. « L'intuition » caractérise cette perception sensitive.

Or, dans un environnement rationalisé et

numérisé par ces dérives organisationnelles et les outils de notre quotidien (télévision, ordinateur, téléphone, réseaux sociaux, normes,...) l'information qui s'offrent à nous est déjà simplifiée, condensée et finalement appauvrie, si ce n'est orientée.

Ces traitements numériques des données qui s'offrent à notre perception et le peu de temps disponible quotidiennement à notre prise de recul sclérosent nos facultés sensorielles. Cette capacité à appréhender sans limite notre environnement ne nourrit plus nos réflexions, de sorte que cet environnement rationalisé et numérisé induit ce que je nomme la pensée numérisée ou pensée sclérosée. Ainsi, les données sont moins nombreuses et de plus en plus standardisées ou rationalisées.

De même, nos environnements et nos comportements sont empreints de rationalisation, si bien que finalement cette dérive impacte notre faculté de penser.

Notre processus de raisonnement est altéré et pour le comprendre, il faut rappeler que raisonner signifie faire preuve de raison, cette faculté qui permet à l'être humain de connaître puis de juger pour agir.

Si par une perception limitée, notre connaissance est altérée, alors notre capacité de jugement s'appauvrit et notre champ d'action se restreint.

L'environnement numérisé induit ce raisonnement rationalisé et cette pensée numérisée. Nos jugements puis nos actions s'en trouvent affectés et par la même notre liberté.

La formule latine « cogito ergo sum » : « je pense donc je suis », vient illustrer l'impact d'une pensée sclérosée sur la liberté de notre Être.

La contagion numérique conclue notre mutation d'un Être de raison à l'Être numérique dont les actions sont dictées par quelques données économiques formatées.

Désormais, l'Être numérique privilégie l'action à la pensée : l'activité des réseaux sociaux illustre cette mutation. En effet, la perception de phénomènes nous conduit instantanément à tweeter, poster, partager, liker, commenter. Les informations perçues ne sont plus analysées, ni contextualisées ou critiquées par la mise en œuvre de la pensée mais simplement mises en action, bien souvent de façon passionnée plus que raisonnée. Cela fait de nous cet Être numérique, esclave d'un conformisme qui réduit sa perception et sa capacité de jugement.

Il est facile d'en comprendre les risques

s'agissant d'individus appartenant à des organisations professionnelles dont le recul et l'objectivité sont essentiels : journalisme, justice,...etc.

Cette notion de pensée sclérosée doit nous rappeler ces organismes vivants au fond des océans, dont les abysses privés de lumière ont atrophié certains de leur sens : ces poissons devenus aveugles, dont les organes rendus inutiles ont définitivement disparu.
Nos enfants naîtront peut-être avec des ports USB ou autre à la place des yeux et un microprocesseur en tête permettant une connexion wifi à leur environnement ?
Avant cela, nous confions nombre de tâches d'analyse à des machines dont les algorithmes trouvent leurs limites dans l'échantillonnage permettant leur fonctionnement.
Partagés entre les analyses et les résultats fournis par ces systèmes et nos propres intuitions, nous ne savons plus objectiver nos décisions. Mais, peu importe, l'essentiel est d'agir, de décider, d'avancer, de quantifier.
Le nombre, la quantité, prennent le pas sur la qualité, l'action sur la réflexion et l'analyse. Il faut alimenter ces processeurs gourmands de données et notre impatience de voir des vérités se dessiner et apparaître sur nos écrans afin de

guider nos actions et nos choix.

Ainsi, l'Être numérique évolue et accompagne le progrès technique … et social ?. Nous ne conclurons pas sur ce constat, car les fins personnelles servies par cette évolution laisse au bord de la route une part des individus dont la mutation vers ce progrès est entravée par leurs difficultés économiques. Cette injustice leur est insupportable et par leurs revendications, il est temps de faire le bilan et d'amener à la prise de conscience d'une civilisation en déclin.

10- Vers la vraie richesse, la pensée autonome ou libérée.

Renoncer au progrès et aux vertus de la rationalisation et du numérique n'est pas la solution. Ces moyens et ces outils ne sont pas en cause et comme bien souvent, il s'agit de l'usage qui en est fait.

Rappelons que nous baignons dans ce que j'ai nommé un modèle social économique dont la richesse est économique au service du pouvoir et de l'influence.

C'est ce modèle qu'il faut remettre en cause. Aujourd'hui, il est dénoncé car injuste et c'est là la raison qui nécessite de le repenser.

Toutefois, repensons-le de façon objective, c'est-à-dire prenons conscience de l'altération de nos modes de pensée sans quoi nous ne sortirons pas de cette spirale.

Je définis la pensée autonome comme celle libérée des diktats de nos organisations : une pensée hors influence s'appuyant sur une perception sensorielle de notre environnement.

Il ne s'agit donc pas d'étaler des chiffres, des sondages, des statistiques mais plutôt d'accepter nos intuitions et d'élargir notre perception. Par cela, j'entends faire preuve de tolérance (ne pas juger trop vite), d'écoute et d'observation entre autres.

Il s'agit de sortir de l'influence des modèles en place, d'accepter la différence et une certaine imperfection, entendue comme le fait de ne pas correspondre à des critères définis.

Ainsi notre perception libérée sera juste. Cela correspond à la première étape d'une remise en cause de notre modèle social économique.

Cessons de croire instantanément ce que l'on nous dit et voyons ce que l'on perçoit.

Dans un deuxième temps, libérons nos raisonnements des schémas pré-établis. Il s'agit encore de sortir de l'influence. Ces réflexions autorisent le jugement mais invitent au partage et à l'écoute. J'appelle cela la pensée autonome. Elle doit faire appel à l'intuition car la perception, toujours active, permet la remise en cause, l'erreur, le changement d'avis.

Enfin, la pensée est définitivement autonome et libérée si elle aboutit à une opinion personnelle et individuelle issue de son environnement. Cette opinion me permet de décider et donc d'agir en tant qu'individu.

L'action se fait bien sûr dans le respect du droit et de la loi. Par exemple, le fait de voter est une action lourde de sens et de conséquence. Il va de soi qu'elle nécessite avant cela un raisonnement autonome libéré. Il en est de même pour le droit de manifester.

Le processus en trois étapes que je viens de décrire est fondamental et vous le remarquerez, détaché de toute considération économique, technique, organisationnelle ou autre.

Oubliez la dérive numérique de votre quotidien et défendez votre autonomie de penser.

Pour certains, l'injustice du modèle social économique ne laisse plus que cette issue, que je pense être la clé pour répondre aux maux de nos sociétés qu'ils soient politiques, organisationnels, économiques ou identitaires.

Conclusion

La richesse de notre environnement est infinie car elle tient à notre capacité sans limite à imaginer des solutions à nos problèmes.

La pensée, par le raisonnement, nous permet cette conversion de notre environnement si riche, en actions ou en décisions.
Ce processus de pensée est la liberté fondamentale de chacun.

Ensuite, notre statut d'individu appartenant à une organisation quelle qu'elle soit, de la famille à la multinationale, nous inclut dans une société qui nécessite la justice et l'égalité. Ainsi, les actions et décisions doivent être concertées pour satisfaire un modèle social d'égalité et de soutien.
Ce soutien est la raison d'être du modèle social.

La technologie, la science et de façon plus générale, le progrès qui les accompagne, permettent d'apporter des solutions et des moyens au service de nos actions.

Une pensée libérée permet d'isoler les besoins essentiels et de travailler en ce sens pour y répondre par des moyens. Il ne s'agit donc pas de se faire imposer des moyens dont les besoins n'existent pas ou qui ne répondent pas au principe de justice sociale. Le lobbying en est un exemple.

Ainsi, cette démarche saine de progrès permet le respect d'un développement serein plutôt qu'une fuite en avant et d'autre part, le respect des ressources à notre disposition, la préservation de notre environnement et par là même, de notre espèce : L'Être Humain et non pas l'Être Numérique.

Pour cela, je renvoie chacun à sa capacité à penser de façon autonome au service d'actions et de décisions justes et respectueuses, ne confondant pas effets et causes ou bien moyens et besoins.

Ainsi se définissent les clés d'un nouveau modèle social à inventer que nous pourrions naturellement appeler : « modèle social environnemental » au sens le plus large.

Table des matières